COMMENTAIRE

DE LA

LOI DU 28 MARS 1882

SUR L'INSTRUCTION PRIMAIRE

Extrait du Bulletin

de la Société générale d'Éducation et d'Enseignement du 15 août 1882

Prix : **50** centimes.

PARIS

BUREAUX DE LA	LIBRAIRIE DE LA
SOCIÉTÉ GÉNÉRALE D'ÉDUCATION	SOCIÉTÉ BIBLIOGRAPHIQUE
35, RUE DE GRENELLE	195, BOULEVARD ST-GERMAIN

SOCIÉTÉ GÉNÉRALE D'ÉDUCATION ET D'ENSEIGNEMENT

CONSEIL GÉNÉRAL DE LA SOCIÉTÉ

PRÉSIDENT : **M. Chesnelong**, sénateur, rue Cassette, 11.

VICE-PRÉSIDENTS : **M. l'abbé Connelly**, conseiller honoraire à la Cour de cassation, doyen honoraire de la faculté libre de droit de Paris, 26, rue de la Chaise.

MM. **Baudon**, place du Palais-Bourbon, 6.

Ernoul, ancien ministre, 123, rue de Lille.

de La Bassetière, député, 30, rue Barbet-de-Jouy.

Keller, ancien député, rue d'Assas, 14.

SECRÉTAIRE GÉNÉRAL : **M. A. de Claye**, ancien auditeur au Conseil d'État, 4, rue de Babylone.

SECRÉTAIRE GÉNÉRAL HONORAIRE : **M. Paul Lauras**, ancien préfet.

SECRÉTAIRES ADJOINTS : **Barthélemy Terrat**, professeur à l'Institut catholique de Paris, rue Saint-Romain, 18.

Octave Larcher, professeur à l'Institut catholique de Paris, rue de Varennes, 88.

TRÉSORIERS : MM. **Cauchy**, rue Garancière, 7.

Ch. Hamel, administrateur de l'Institut catholique, 29, rue de Tournon.

MEMBRES DU CONSEIL GÉNÉRAL DE LA SOCIÉTÉ

MM.

Gabriel Alix, professeur à l'Institut catholique, rue de Sèvres, 23.

Charles Audley, ancien professeur, rue d'Assas, 104.

Le R. P. Monsabré.

F. Beslay, rue de Seine, 6.

Lucien Brun, sénateur, rue de Vaugirard, 31.

Champetier de Ribes, avocat à la Cour d'appel, 4, rue de Louvois.

L. de Crousaz-Crétet, ancien auditeur au Conseil d'État, 74, r. des Sts-Pères.

Le R. P. Chauveau, avenue Bosquet, 13.

Delamaire, avocat à la Cour d'appel, boulevard Saint-Germain, 216.

Depeyre, ancien garde des sceaux, ancien sénateur, rue du Bac, 97.

Le docteur Désormeaux, rue de Verneuil, 11.

Anicet Digard, avocat à la Cour d'appel, rue Neuve-des-Petits-Champs, 97.

Le docteur Ferrand, rue du Bac, 110.

De Franqueville, ancien maître des requêtes au Conseil d'État, au château de la Muette, Paris-Passy.

Le vicomte de Gontaut-Biron, ancien ambassadeur, sénateur, boulevard de la Tour-Maubourg, 9.

D'Herbelot, ancien avocat général près la Cour d'appel de Paris, 4, rue de Tournon.

Mgr d'Hulst, vicaire général de Paris, rue de Vaugirard, 72.

MM.

Le T. H. frère Irlide, supérieur général de l'Institut de la Doctrine Chrétienne, rue Oudinot, 27.

Kolb-Bernard, sénateur, 14, rue de Tournon.

Le Camus, rue de Lille, 19.

Le R. P. Lécuyer.

Édouard Lefébure, 217, boulevard Saint-Germain.

Le R. P. Lescœur, de l'Oratoire, rue de la Tour-d'Auvergne, 33.

Le baron de Mackau, député, avenue d'Antin, 22.

A. Mascarel, ancien magistrat, 49, rue de Madame.

Eugène Massu, avocat à la Cour d'appel, rue François Ier, 23.

Merveilleux du Vignaux, ancien premier avocat général, doyen de la faculté libre de Droit, rue Vanneau, 15.

Le comte de Moustier, r. de Grenelle 85.

Le comte Albert de Mun, député, 38, rue François Ier.

Le baron de Ravignan, sénateur, place Vendôme, 12.

Le comte de Fontaine de Resbecq, ancien sous-directeur au Ministère de l'Instruction Publique, passage Stanislas, 3.

Le marquis de Ségur, ancien conseiller d'État, rue de Grenelle, 107.

Gaston de Senneville, r. de Grenelle, 52.

Louis Sorin, avocat, ancien sous-préfet, 22, rue de Bellechasse.

COMMENTAIRE

DE LA

LOI DU 28 MARS 1882

SUR L'INSTRUCTION PRIMAIRE

Extrait du Bulletin

de la Société générale d'Éducation et d'Enseignement du 15 août 1882

Prix : **50** centimes.

PARIS

BUREAUX DE LA	LIBRAIRIE DE LA
SOCIÉTÉ GÉNÉRALE D'ÉDUCATION	**SOCIÉTÉ BIBLIOGRAPHIQUE**
35, RUE DE GRENELLE	195, BOULEVARD ST-GERMAIN

L'amendement qu'avait présenté, d'abord avec succès, M. le sénateur Jules Simon, et qui se bornait à mentionner « les devoirs « envers Dieu et envers la Patrie », a lui-même été finalement repoussé. Par suite, la loi ne donne pas la garantie que l'enseignement moral professé dans les écoles publiques sera basé sur la notion de l'existence de Dieu. Il se trouve ainsi que la France ne rompt pas seulement avec tout son passé; elle rompt aussi avec les habitudes et les traditions de toutes les législations des nations civilisées. Nous avons désormais *l'école sans Dieu*.

Il résulte toutefois des engagements itérativement pris par le ministre que l'enseignement de l'école devra être *neutre*, sans hostilité pour la religion, respectueux envers tous les cultes. Sur ce point, par conséquent, les pères de famille auront le devoir et le droit de rappeler, à l'occasion, le gouvernement à l'observation de ses promesses; et celles-ci seraient évidemment violées si, soit par son enseignement oral, soit par le choix des livres ou celui des sujets de dictée, soit enfin de toute autre façon, un instituteur osait entreprendre de détruire la foi de ses élèves par des négations brutales, ou simplement de la troubler par l'expression d'un doute sur les dogmes religieux.

L'art. 1er réunit à l'instruction morale l'instruction civique, qui n'avait encore figuré dans aucun programme. Qu'a-t-on voulu dire par ce mot absolument nouveau? Le vague dont on s'est plu à l'entourer n'a rien de rassurant.

A en croire M. Jules Ferry, il ne faudrait entendre par là qu'un ensemble de notions descriptives de nos institutions, présenté sous une forme élémentaire, sans esprit de parti. Mais, pressé de dire s'il prohiberait l'introduction, dans les écoles publiques, d'un *Manuel* trop connu, qui n'est qu'un tissu de falsifications historiques, le ministre s'est renfermé dans une réponse évasive qui ne peut guère s'accorder avec ses premières assurances et qui autorise toutes les appréhensions.

En somme, il a paru vouloir laisser, en cette matière, une large part à l'initiative du maître. L'enseignement civique peut donc être compris d'une manière détestable ou d'une manière inoffensive. L'instituteur soucieux de son devoir se préoccupera surtout du choix du traité à mettre entre les mains de ses élèves. Le *Manuel* de M. Paul Bert ou les autres livres conçus dans le même esprit doivent être absolument écartés. Mais l'*Essai d'Enseignement civique* signé : F. I. C. (1), ou l'*Instruction civique à l'usage des écoles primaires*, par M. Audley (2), présentent toute sécurité.

Les autres paragraphes de l'art. 1er ne comportent aucun commentaire. On se demande seulement ce que pourront être, pour des enfants de six à treize ans, les notions de droit et d'économie politique auxquelles on veut les initier !

ART. 2.

Les écoles primaires publiques vaqueront un jour par semaine, en outre du dimanche, afin de permettre aux parents de faire donner, s'ils le désirent, à leurs enfants, l'instruction religieuse, en dehors des édifices scolaires;

L'enseignement religieux est facultatif dans les écoles privées.

Nous n'avons pas besoin d'insister sur l'aggravation que cet article 2 apporte aux dispositions déjà si tyranniques de l'article 1er. Constatons du moins qu'un point reste certain : l'instituteur public conserve le droit de donner l'instruction religieuse en dehors des heures de classe et des édifices scolaires.

Il importe en outre de remarquer que les écoles primaires doivent, aux termes de l'art. 2, vaquer le dimanche et un autre jour par semaine, afin de permettre aux parents de faire donner à leurs enfants l'instruction religieuse.

L'instituteur ne pourrait donc, sans violer le texte formel de la loi, disposer pour des exercices militaires, de gymnastique, etc., de ces jours réservés pour l'enseignement religieux. Les parents auraient, le cas échéant, le droit absolu de s'y opposer.

Ajoutons qu'il ressort clairement du § 2 de l'art. 2 que l'enseignement religieux est absolument libre dans les écoles privées. Les écoles libres restent donc, en dehors de l'église et de la famille, le dernier refuge de l'enseignement religieux.

ART. 3.

Sont abrogées les dispositions des articles 18 et 44 de la loi du 14 mars 1850, en ce qu'elles donnent aux ministres des cultes un droit d'inspection, de surveillance et de direction dans les écoles primaires publiques et privées et dans les salles d'asile, ainsi que

_____

(1) Librairie Mame, à Tours, et Poussielgue, 15, rue Cassette, Paris.
(2) Librairie Poussielgue.

le § 2 de l'articl 31 de la même loi qui donne aux consistoires le droit de prése ,ation pour les instituteurs appartenant aux cultes non catholiques.

L'article 18 de la loi du 15 mars 1850 donnait au curé, au pasteur ou au délégué du consistoire israélite sur les écoles primaires publiques et privées un droit d'inspection égal à celui des divers inspecteurs représentant l'Etat.

D'après l'article 44 de la même loi, le curé, le pasteur ou le délégué du culte israélite partageait avec le maire et les délégués cantonaux la surveillance et la *direction morale* de l'enseignement primaire dans les écoles communales.

Enfin, toujours aux termes du même article de loi, les ministres des différents cultes étaient spécialement chargés de surveiller l'enseignement religieux de ces écoles, dont l'entrée leur était toujours ouverte.

Ce sont ces droits d'inspection, de surveillance et de direction que l'article 3 de la loi du 28 mars 1882 supprime comme désormais sans objet. Du moment qu'on bannit Dieu de l'enseignement primaire, il est logique que son ministre soit considéré comme n'ayant plus rien à voir dans les écoles publiques et devienne pour elles un étranger. La conséquence est aussi odieuse que le principe lui-même.

Quant à nos écoles chrétiennes libres, comme elles conservent, d'après l'article 2 de la loi, le droit de donner l'enseignement religieux, elles tiendront à honneur d'ouvrir leurs portes aux représentants de la religion, d'accepter leur direction et de prendre leurs conseils.

Le § 2 de la loi du 15 mars 1850 donnait aux consistoires un droit de présentation pour les instituteurs communaux appartenant aux cultes non catholiques ; ce droit disparaît après l'expulsion, de l'école publique, de toute religion et de tout ministre du culte.

On remarquera que, parmi les articles abrogés de la loi du 15 mars 1850, ne figure pas l'article 46 de cette loi, qui fait entrer dans la commission de sept membres constituée pour la délivrance du brevet de capacité un ministre du culte professé par le candidat. Une circulaire du ministre de l'instruction publique du 29 janvier 1881 rappelle que la loi de 1850, en appelant le ministre du culte dans la commission, a surtout entendu assurer à une fraction importante de l'enseignement libre, c'est-à-dire aux établissements religieux, une sorte de représentation dans le jury ; que, si aujourd'hui le ministre du culte n'a plus de questions à poser sur l'enseignement de la religion, il a toujours été considéré comme pouvant examiner les candidats indistinctement sur toutes les matières et n'a pas été dépouillé du droit, que lui assure la loi de 1850, de participer à l'ensemble des épreuves.

On remarquera encore que la loi nouvelle n'a touché en rien aux droits d'inspection et de surveillance, que le maire tient de la loi du 15 mars 1850 en ce qui concerne l'enseignement primaire (art. 18 et 44 de cette loi).

ART. 4.

L'instruction primaire est obligatoire pour les enfants des deux sexes âgés de six ans révolus à treize ans révolus ; elle peut être donnée dans les établissements d'instruction primaire ou secondaire, soit dans les écoles publiques ou libres, soit dans les familles, par le père de famille lui-même ou par toute autre personne qu'il aura choisie.

C'est dans l'article 4 que réside toute la pensée de la loi, pensée de conciliation en apparence quand on se réfère à l'énumération complaisamment et hypocritement développée des moyens laissés à la disposition du père de famille pour lui permettre de remplir l'obligation qui lui est imposée, pensée de tyrannie et d'oppression quand on réfléchit que ces moyens sont une sanglante ironie pour la majorité des pères de famille.

Le rédacteur de l'article raisonne comme si tout père de famille était millionnaire.

Celui-ci pourra choisir entre les établissements d'instruction secondaire ou primaire ; et, parmi les uns et les autres, il pourra s'adresser soit à un établissement public, soit à un établissement privé, et, si aucun de ces établissements ne lui convient, il aura encore la ressource de donner lui-même, ou de faire donner chez lui l'instruction primaire à son enfant par toute personne qu'il aura choisie.

Cela fait bien sur le papier !

Mais les pères de famille millionnaires sont rares parmi ceux qui sont obligés de faire donner l'instruction primaire à leurs enfants ; presque tous sont des manouvriers absents de chez eux pendant la journée, ou dispersés au milieu de la\campagne ; pour ceux-là point de choix possible ; l'instituteur communal, quelque détestable qu'il leur paraisse, deviendra leur seigneur et maître, et ils seront tenus de lui rendre foi et hommage sous peine de réprimande, de l'affiche infamante et de la prison. La classe des *vilains* est rétablie, en vertu des principes *maçonniques*, au profit de l'Université de la République !

Voilà comment le législateur de 1882 entend la liberté et l'égalité pour le pauvre, impuissant à défendre ses droits !

Le pauvre n'aura qu'un seul droit, s'il n'est pas content, celui d'être réprimandé, affiché et emprisonné !

Mais cette tyrannie ne pèse sur lui que depuis le jour où son enfant a atteint l'âge de six ans révolus, jusqu'à celui où il atteint l'âge de treize ans.

En deçà et au delà de ces limites d'âge, la liberté subsiste. Le père n'est tenu à aucune formalité, soit pour envoyer son enfant âgé de moins de six ans dans une salle d'asile ou école maternelle, soit, au-dessus de treize ans, pour le confier à une école primaire, supérieure ou secondaire. Il peut aussi le garder librement chez lui.

Quant aux parents qui placeront dans un établissement d'instruction secondaire libre leurs enfants entre l'âge de six ans révolus et celui de treize ans révolus, ils ne devront pas oublier l'obligation qui leur est imposée par l'article 7, d'en faire la déclaration à la mairie, dans les conditions et dans le délai déterminé par cet article (1).

ART. 5.

Une commission municipale scolaire est instituée dans chaque commune pour surveiller et encourager la fréquentation des écoles.

Elle se compose : du maire, président ; d'un des délégués du canton, et, dans les communes comprenant plusieurs cantons, d'autant de délégués qu'il y a de cantons désignés par l'inspecteur d'Académie ; de membres désignés par le conseil municipal en nombre égal au plus au tiers de ses membres.

A Paris et à Lyon il y a une commission pour chaque arrondissement municipal. Elle est présidée, à Paris, par le maire ; à Lyon, par un des adjoints ; elle est composée d'un des délégués cantonaux désignés par l'inspecteur d'académie, de membres désignés par le con-

(1) Voir, page 3.

seil municipal au nombre de trois à sept par chaque arrondissement. Le mandat des membres de la commission scolaire désignés par le conseil durera jusqu'à l'élection d'un nouveau conseil municipal. Il sera toujours renouvelable.

Le nombre des délégués à nommer par le conseil municipal doit être calculé d'après le nombre légal de ses membres, alors même qu'en fait ce nombre se trouverait réduit momentanément par des démissions ou des décès. Il dépend donc du conseil municipal d'assurer à ses délégués la majorité dans la commission scolaire, en usant de toute la latitude que lui donne la loi.

Un point très important à noter, c'est que la loi n'exige pas que les membres de la commission scolaire élus par le conseil municipal soient pris dans le conseil lui-même. Quelques préfets ont semblé dire le contraire dans des circulaires adressées aux municipalités : cela est absolument inexact. Le conseil municipal a le droit de choisir qui il veut : en fait, lors des dernières élections, beaucoup de conseils municipaux ont usé de ce droit en faisant entrer dans les commissions scolaires le curé de la paroisse.

Le mandat des membres de la commission scolaire désignés par le conseil, ajoute l'article 5, durera jusqu'à l'élection d'un nouveau conseil municipal.

La durée normale de ce mandat est donc de trois ans ; si les élections se font dans le cours de la période des trois ans, comme cela a eu lieu pour les élections récentes, les délégués ne resteront en fonction que pendant le temps qui reste au conseil municipal pour achever son mandat ; et cela, que ces délégués fassent partie du conseil municipal lui-même ou qu'ils aient été pris en dehors. — En cas de dissolution prématurée du conseil municipal, les membres de la commission scolaire nommés par lui doivent garder leurs fonctions jusqu'à l'élection du nouveau conseil municipal.

Si des vacances partielles viennent à se produire parmi les membres élus de la commission scolaire par suite de décès ou de démissions, le conseil municipal a le droit d'y pourvoir au fur et à mesure qu'elles se produisent. C'est du moins ce qui semble probable, dans le silence de la loi.

La disposition spéciale aux villes de Paris et de Lyon n'appelle pas d'explication.

Ne peuvent faire partie des commissions scolaires les personnes qui n'ont pas l'exercice des droits civiques. Les femmes en sont donc exclues, de même que les mineurs. Nous n'avons pas besoin d'ajouter que la même incapacité s'applique aux interdits et, à plus forte raison, aux individus frappés de la dégradation civique ou privés par les tribunaux correctionnels de l'exercice des droits civiques, en vertu de l'article 42 du Code pénal.

ART. 6.

Il est institué un certificat d'études primaires; il est décerné après un examen public, auquel pourront se présenter les enfants, dès l'âge de onze ans.

Ceux qui, à partir de cet âge, auront obtenu le certificat d'études primaires, seront dispensés du temps de scolarité obligatoire qui leur restait à passer.

Le certificat d'études primaires institué officiellement par cet article existait déjà en fait depuis longtemps; beaucoup de parents s'occupaient de le faire obtenir par leurs enfants à la fin de leurs études primaires, et les écoles congréganistes, sur ce point comme sur beaucoup d'autres, avaient fait preuve d'une incontestable supériorité.

L'enfant qui obtient le certificat d'études à l'âge de onze ans est affranchi, par l'article 6, de la scolarité obligatoire.

ART. 7.

Le père, le tuteur, la personne qui a la garde de l'enfant, le patron chez qui l'enfant est placé, devra, quinze jours au moins avant l'époque de la rentrée des classes, faire savoir au maire de la commune s'il entend faire donner à l'enfant l'instruction dans la famille ou dans une école publique ou privée; dans ces deux derniers cas, il indiquera l'école choisie.

Les familles domiciliées à proximité de deux ou plusieurs écoles publiques ont la faculté de faire inscrire leurs enfants à l'une ou à l'autre de ces écoles, qu'elle soit ou non sur le territoire de leurs communes, à moins qu'elle ne compte déjà le nombre maximum d'élèves autorisés par les règlements.

En cas de contestation, et sur la demande, soit du maire, soit des parents, le conseil départemental statue en dernier ressort.

I. DANS QUELS CAS LA DÉCLARATION DOIT-ELLE ÊTRE FAITE?

Aux termes de l'art. 4, l'instruction primaire est obligatoire pour les enfants des deux sexes âgés de six ans révolus à treize ans révolus. Il en résulte que la déclaration prescrite par l'art. 7 doit être faite en ce qui concerne tous les enfants de cet âge, sans qu'il y ait lieu de distinguer entre les filles et les garçons.

A d'autres égards, l'application de cette disposition comporte au contraire certaines distinctions sur lesquelles il est utile d'insister.

1° Lorsque l'enfant doit être élevé dans sa famille, la loi suppose qu'une déclaration doit être faite en ce sens. Toutefois, les parents ou autres personnes responsables sont libres d'apprécier dans leur conscience s'il leur convient de faire ou de ne pas faire cette déclaration, dont l'omission ne saurait, en ce cas, engager qu'eux-mêmes.

Il faut même remarquer que l'omission de la déclaration n'entraîne directement aucune peine et qu'elle n'aura pour conséquence que l'inscription d'office de l'enfant sur la liste des élèves de l'une des écoles publiques. (Art. 8.)

Les peines de l'*avertissement*, de l'*affichage* à la porte de la mairie ou de l'*emprisonnement* ne seront encourues que si l'enfant non déclaré et ainsi inscrit à l'école publique s'absente de cette école quatre fois dans le mois et pendant une demi-journée, et cela avec une *récidive simple* dans un délai de douze mois, pour que l'*affichage* puisse être prononcé ou une *récidive double* dans le même délai pour qu'il puisse y avoir lieu à l'*emprisonnement*. (Art. 12, 13, 14.)

Enfin les parents ou autres personnes responsables, qui n'auront pas fait la déclaration prescrite dans les quinze jours précédant l'ouverture des classes, pourront la faire ultérieurement, alors même que l'enfant aura été inscrit à l'école publique, et ils auront encore le droit de désigner à ce moment le mode d'instruction auquel ils entendent le soumettre. (Art. 9.)

2° S'il existe dans la commune une école libre et une école publique entre lesquelles les parents puissent choisir, ils devront sans hésitation faire une déclaration en faveur de l'école libre. D'une part cette déclaration sera une protestation fort énergique contre les tendances anti-chrétiennes et anti-libérales de la loi; d'autre part, elle donnera pleine satisfaction à la conscience chrétienne des parents. De plus elle assurera aux instituteurs libres une sécurité complète et les affranchira de tous les périls qu'ils pourraient courir, et que leurs établissements pourraient courir avec eux, s'ils recevaient des enfants non déclarés et par conséquent inscrits à l'école publique.

Pour les mêmes motifs, cette déclaration devra être faite par les parents dont les enfants, âgés de plus de six ans et de moins de treize ans, devront recevoir l'instruction dans un établissement secondaire libre.

3° Si les parents ou autres personnes responsables préfèrent envoyer leurs enfants dans une école publique appartenant à une commune voisine de la leur, ils devront également faire une déclaration en ce sens, afin d'éviter l'inscription d'office à l'école publique de leur commune. Ils auront intérêt à agir ainsi, toutes les fois que l'école de la commune voisine sera une école chrétienne ou présentant au point de vue chrétien des garanties meilleures que l'école de la commune.

Nous devons faire remarquer que le droit attribué aux parents de faire choix d'une école autre que celle de leur commune, n'est limité par le paragraphe 2 de l'article 7 que relativement aux écoles publiques. S'il s'agit d'une école libre, primaire ou secondaire, les parents ont toujours le droit absolu et incontestable de choisir selon leur gré, quels que soient d'ailleurs le département et la commune où se trouve située cette école libre.

IV. *Qui doit faire la déclaration ?*

L'article 7 désigne le père, le tuteur, la personne qui a la garde de l'enfant et le patron chez lequel il est placé.

La loi a omis de parler de la mère, et cette omission s'explique aisément. Si le père et la mère existent, c'est le père qui doit faire la déclaration en vertu du droit de puissance paternelle qui lui appartient. (Article 373, Code civil.) Si au contraire le père est mort ou empêché, la mère le remplace naturellement, soit comme tutrice, soit comme ayant la garde de l'enfant. La mère pourra d'ailleurs se joindre au père en vue d'une déclaration commune

V. *Quand doit être faite la déclaration ?*

La déclaration doit être faite *quinze jours au moins avant la rentrée des classes.* Le maire devra d'ailleurs aviser les parents de la date de cette rentrée.

Il va de soi que la déclaration peut sans inconvénient être faite avant le délai extrême fixé par la loi. La non-déclaration, passé ce délai, entraîne l'inscription de l'enfant à l'école publique.

Toutefois, cette inscription n'est pas irrévocable. Les parents pourront valablement, même après cette inscription et en annulant par là tous ses effets, déclarer qu'ils veulent envoyer leurs enfants dans une école libre, comme ils auront le droit, en tout temps, de retirer leurs enfants de l'école publique pour les envoyer à une école libre, moyennant qu'ils en fassent la déclaration. C'est ce qui résulte de l'article 9 de la loi et ce qui a été d'ailleurs très explicitement reconnu dans la discussion par le ministre et le rapporteur.

VI. *Comment doit être faite la déclaration?*

L'article 7 de la loi se borne à dire que les parents ou personnes responsables doivent *faire savoir au maire* s'ils entendent faire donner à l'enfant l'instruction dans la famille ou dans une école publique ou privée, en indiquant dans ces deux derniers cas l'école choisie.

Tous les modes de déclaration sont donc admis. Toutefois la déclaration écrite doit être préférée, selon nous, à la déclaration verbale. Nous pourrions en donner plusieurs motifs ; nous n'en indiquerons qu'un seul : en cas de contestation, la déclaration écrite est plus indiscutable et son autorité court moins de risques d'être méconnue.

Les auteurs des déclarations devront en demander un récépissé à la mairie, si c'est possible, ou du moins en garder copie. Il sera indispensable d'exiger un récépissé lorsque la déclaration sera purement verbale.

La déclaration écrite doit être signée par le père ou la personne responsable, et, si l'ayant droit ne sait pas signer, par deux témoins certifiant que la déclaration a été faite par lui en leur présence.

La déclaration individuelle nous semble devoir être préférée. Toutefois, plusieurs pères de famille peuvent mettre leurs signatures au bas d'une déclaration collective, pourvu que leurs intentions soient clairement manifestées.

Quel que soit le mode des déclarations, les signatures, n'étant pas destinées à valoir hors de la commune, n'ont pas besoin d'être légalisées.

Les parents ne sont pas tenus de porter en personne leurs déclarations à la mairie ; ils pourront, soit les adresser par la poste, soit les faire remettre par tels intermédiaires qu'il leur conviendra de choisir. Nous engageons tous les hommes dévoués à l'enseignement chrétien à se mettre à la disposition des parents pour assurer la remise de leurs déclarations et soustraire ainsi les intéressés à la pression administrative dont ils pourraient être l'objet s'ils faisaient eux-mêmes ce dépôt.

Les directeurs d'écoles libres veilleront, de leur côté, à ce que les déclarations soient régulièrement faites par les parents qui voudront leur confier leurs enfants.

Tout père a le droit de choisir, quel que soit le lieu, l'école primaire ou secondaire libre où il voudra envoyer son enfant. Il doit, en tout cas, faire la déclaration à la commune où il est domicilié.

ART. 8.

Chaque année le maire dresse, d'accord avec la commission scolaire, la liste de tous les enfants âgés de six à treize ans, et avise les personnes qui ont charge de ces enfants de l'époque de la rentrée des classes.

En cas de non-déclaration, quinze jours avant l'époque de la rentrée des classes, il inscrit d'office l'enfant à l'une des écoles publiques et en avertit la personne responsable.

Huit jours avant la rentrée des classes, il remet aux directeurs d'écoles publiques et privées la liste des enfants qui doivent suivre leurs écoles. Un double de ces listes est adressé par lui à l'inspecteur primaire.

Bien que ces dispositions de l'art. 8 ne soulèvent pas de grandes difficultés, il n'est peut-être pas inutile de préciser les obligations qui incombent de ce chef au maire, au père de famille et aux directeurs d'école.

1° Le *maire* doit dresser la liste de tous les enfants de la commune âgés de six à treize ans. Il est assisté dans cette tâche par la commission municipale scolaire : celle-ci devra veiller à ce que le maire n'aggrave pas les exigences de la loi sur l'obligation, à ce qu'il n'inscrive sur sa liste aucun enfant âgé de moins de six ans ou de plus de treize ans.

En second lieu, le maire doit avertir les personnes qui ont charge des enfants de l'époque de la rentrée des classes : ceci est d'une très grande importance, puisque les parents doivent faire savoir quinze jours au moins avant cette rentrée à quelle école ils entendent envoyer leurs enfants. Il est donc à désirer que les maires fassent connaître l'époque de la rentrée des classes le plus tôt possible, et même plus de quinze jours à l'avance, afin de laisser aux parents qui seraient obligés de s'absenter de la commune toutes les facilités possibles pour faire connaître leurs intentions.

Il est à remarquer que cette époque de la rentrée des classes ne doit pas être annoncée seulement d'une façon générale, par voie d'affichage à la porte de la mairie, ou au moyen de publications par le crieur public : chaque père de famille doit recevoir une notification individuelle de la part du maire.

2° Les parents sont, ainsi qu'il a été expliqué à l'article précédent, tenus de faire savoir s'ils entendent faire donner l'instruction à l'enfant dans la famille, ou dans une école publique ou privée. — L'art. 8, § 2, contient la sanction de cette prescription : en cas de non déclaration, l'enfant est inscrit d'office à l'école publique de la commune. — Il importe tout d'abord de protester contre cette disposition véritablement inique de la loi, qui assimile le silence du père à une déclaration formelle en faveur de l'école publique. — Ceci dit, ce doit être une raison de plus pour les pères de famille de faire en temps utile la déclaration qui est exigée par l'art. 8, partout où il existe des écoles libres à côté des écoles publiques. Le refus de déclaration dans ce cas serait, croyons-nous, une faute, et en même temps une protestation moins éloquente que la volonté manifestée par le père d'envoyer son enfant à l'école libre.

Huit jours avant la rentrée des classes, le maire remet aux directeurs d'écoles publiques et privées la liste des enfants qui doivent suivre leurs écoles. Nous croyons devoir donner aux directeurs d'écoles libres, primaires ou secondaires, le conseil de ne recevoir des élèves âgés de 6 à 13 ans, qu'après qu'il aura été justifié que ces enfants ont été déclarés comme devant suivre leurs écoles.

ART. 9.

Lorsqu'un enfant quitte l'école, les parents ou personnes responsables doivent en donner immédiatement avis au maire et indiquer de quelle façon l'enfant recevra l'instruction à l'avenir.

Le choix fait par les parents ou personnes responsables de telle ou telle école déterminée n'est jamais irrévocable. Après avoir désigné l'école publique, ils peuvent désigner l'école libre. Après avoir opté pour l'enseignement dans une école publique ou privée, ils peuvent revenir au système de l'enseignement dans la famille. Ils peuvent expérimenter successivement tous les systèmes d'instruction prévus par la loi, et multiplier, suivant des convenances dont ils sont les seuls appréciateurs, ces changements de leur volonté. En un mot, leur liberté à cet égard demeure pleine, entière, absolue, et ils en peuvent user sous la seule condition de faire donner immédiatement avis de leur nouvelle intention au maire de la commune.

A plus forte raison, le père dont l'enfant aura été, faute de déclaration, inscrit d'office à l'école publique, pourra en tout temps faire cesser l'effet de cette inscription, en déclarant son intention d'envoyer son enfant à l'école libre, ou de le faire élever chez lui.

Les solutions qui viennent d'être indiquées résultent nettement du texte même, et ont été, d'ailleurs, très explicitement admises, au cours de la discussion devant le Sénat, par le ministre et le rapporteur.

ART. 10.

Lorsqu'un enfant manque momentanément l'école, les parents ou les personnes responsables doivent faire connaître au directeur ou à la directrice les motifs de son absence.

Les directeurs et les directrices doivent tenir un registre d'appel qui constate, pour chaque classe, l'absence des élèves inscrits. A la fin de chaque mois, ils adresseront au maire et à l'inspecteur primaire un extrait de ce registre, avec l'indication du nombre des absences et des motifs invoqués.

Les motifs d'absence seront soumis à la commission scolaire. Les seuls motifs réputés légitimes sont les suivants : maladie de l'enfant, décès d'un membre de la famille, empêchements résultant de la difficulté accidentelle des communications.

Les autres circonstances exceptionnellement invoquées seront également appréciées par la commission.

On s'est demandé si cet article 10 conférait aux membres des commissions scolaires le droit de pénétrer dans l'école pour vérifier l'assiduité des élèves.

Cette question a été tranchée par une circulaire du ministre de l'instruction publique du 13 juin (insérée au *Journal officiel* du 14 juin 1882), dans laquelle nous lisons :

« Les commissions scolaires n'ont nullement, comme on a pu le croire, un droit d'inspection et de contrôle sur les écoles. La loi du 28 mars 1882 n'a rien innové sur ce point, et, hormis le maire, l'inspecteur primaire et les délégués cantonaux ou communaux, nul n'a qualité pour pénétrer dans les salles de classe. Les membres des commissions scolaires, autres que les personnes ci-dessus désignées, ne sauraient donc être admis à visiter les écoles. Les commissions exercent la surveillance spéciale dont elles sont chargées en consultant l'extrait du registre d'appel que l'instituteur est tenu d'adresser, à la fin de chaque mois, au maire et à l'inspecteur primaire, extrait où doivent être mentionnés, avec le nombre des absences constatées, les motifs invoqués et soumis à l'appréciation de la commission. »

Il est peut-être permis de se demander si la solution eût été la même dans l'hypothèse où le nombre des commissions composées en majorité de conservateurs et de catholiques eût été moindre. En tout cas, nous prenons acte de la circulaire du 13 juin au point de vue des écoles libres, dont les directeurs auront incontestablement le droit, en se basant sur la doctrine de M. Jules Ferry, d'interdire aux membres des commissions hostiles l'entrée de leurs classes.

Au surplus, la circulaire précitée reconnaît elle-même qu'il reste encore aux membres de ces commissions des droits considérables.

Nous sommes de cet avis et nous espérons que bon nombre de commissions scolaires useront de ces pouvoirs de façon à sauvegarder la liberté et les droits des pères de famille.

L'article 10 leur en fournit le moyen, puisqu'il les établit seuls juges des motifs d'absence invoqués par les enfants qui ont manqué à l'école.

La loi indique expressément trois causes d'excuses : « la maladie de l'enfant, le décès d'un membre de la famille, l'empêchement résultant de la difficulté accidentelle des communications. »

Mais, en dehors de ces cas d'excuses expressément spécifiés, la loi ajoute que « les autres circonstances exceptionnellement invoquées « seront également appréciées par la commission ». — On le voit, rien dans ce texte ne limite ou ne restreint le pouvoir des commissions scolaires : celles-ci ne devront pas hésiter à user de leurs prérogatives, quand le père aura de justes causes d'excuses à présenter, soit au point de vue matériel, soit au point de vue moral. Elles considéreront comme valablement excusé le père à qui sa conscience imposerait le devoir de retirer son enfant d'une école où serait violée la neutralité en matière religieuse si solennellement promise par M. Jules Ferry lui-même.

Les commissions scolaires n'auront pas besoin d'ailleurs de motiver leurs décisions. Leur juridiction étant souveraine, il leur suffira de dire : « attendu qu'il y a des motifs d'excuses suffisants, etc. »

ART. 11.

Tout directeur d'école privée qui ne se sera pas conformé aux prescriptions de l'article précédent, sera, sur le rapport de la commission scolaire et de l'inspecteur primaire, déféré au conseil départemental.

Le conseil départemental pourra prononcer les peines suivantes :

1° L'avertissement;

2° La censure;

3° La suspension pour un mois au plus et, en cas de récidive dans l'année scolaire, pour trois mois au plus.

Nous n'avons pas besoin de faire remarquer le caractère particulièrement rigoureux des sanctions édictées par cet article contre l'enseignement libre. Toutefois, il convient de faire observer que le directeur d'école privée ne peut être déféré au conseil départemental que sur le rapport simultané de la commission scolaire et de l'inspecteur primaire. En refusant d'agir, la commission scolaire paralyse l'action de l'inspecteur primaire, et celui-ci est désarmé.

On verra plus loin qu'il en est autrement dans l'hypothèse prévue par l'article 14, où il s'agit du renvoi d'un père de famille contrevenant devant le juge de paix. La différence de rédaction de l'article 11 et de l'article 14 ne peut, à cet égard, laisser aucun doute.

Ce qui est grave, c'est que les pénalités énumérées par l'article 11 sont prononcées *sans recours* par le conseil départemental. La commission du Sénat avait proposé d'accorder à l'instituteur frappé un recours devant le conseil supérieur au moins dans le cas de suspension. Cette garantie, si nécessaire cependant, a disparu du texte définitif de la loi.

ART. 12.

Lorsqu'un enfant se sera absenté de l'école quatre fois dans le mois, pendant au moins une demi-journée, sans justification admise par la

*commission municipale scolaire, le père, le tuteur ou la personne
responsable sera invité, trois jours au moins à l'avance, à comparaître
dans la salle des actes de la mairie, devant ladite commission, qui
lui rappellera le texte de la loi et lui expliquera son devoir.*

*En cas de non-comparution, sans justification admise, la commision
appliquera la peine énoncée dans l'article suivant.*

Art. 13.

*En cas de récidive dans les douze mois qui suivront la première
infraction, la commission municipale scolaire ordonnera l'inscription pendant quinze jours ou un mois, à la porte de la mairie, des
nom, prénoms et qualités de la personne responsable, avec indication du fait relevé contre elle.*

*La même peine sera appliquée aux personnes qui n'auront pas
obtempéré aux prescriptions de l'article 9.*

Art. 14.

*En cas d'une nouvelle récidive, la commission scolaire, ou à son
défaut, l'inspecteur primaire, devra adresser une plainte au juge
de paix. L'infraction sera considérée comme une contravention et
pourra entraîner condamnation aux peines de police, conformément
aux articles 479, 480 et suivants du code pénal.*

L'article 463 du même code est applicable.

Ces trois articles confèrent à la commission scolaire un pouvoir
disciplinaire sur les parents qui contreviennent aux prescriptions
relatives à l'obligation.

Aux termes de l'article 12, « lorsqu'un enfant se sera absenté
« de l'école quatre fois dans le mois pendant au moins une demi
« journée, sans justification admise par la commission municipale
« scolaire, le père, le tuteur ou la personne responsable, sera invité,
« trois jours au moins à l'avance, à comparaître dans la salle des
« actes de la mairie, devant la dite commission qui lui rappellera le
« texte de la loi et lui expliquera son devoir. »

L'admonestation par la commission scolaire, voilà la première
pénalité qui atteint le père de famille récalcitrant.

Si les absences de l'enfant se renouvellent, s'il y a « récidive dans
« les douze mois qui suivront la première infraction, la commission
« municipale scolaire ordonnera l'inscription pendant quinze jours

« ou un mois, à la porte de la mairie, des nom, prénoms et qualités
« de la personne responsable, avec indication du fait relevé contre
« elle. »

L'affichage, voilà la seconde pénalité que peut prononcer la commission scolaire. — Cette pénalité est également applicable : 1° aux personnes qui n'ont pas comparu devant la commission lors de la première infraction commise par leur enfant (art. 12, § 2);

2° à celles qui ont retiré leur enfant de l'école sans indiquer de quelle façon il doit être instruit à l'avenir. (art. 9 et 13 par. 2 combinés).

Si les absences de l'enfant persistent, s'il y a une nouvelle récidive, la commission scolaire, ou à son défaut l'inspecteur primaire devra « adresser une plainte au juge de paix ».

Là, la commission scolaire ne fait plus fonction de tribunal ; elle est simplement chargée de provoquer les poursuites devant une autre juridiction.

— Il est à remarquer que, si la commission scolaire refuse de provoquer ces poursuites, l'inspecteur primaire peut agir à sa place ; on s'est défié de son indulgence, qui, dans beaucoup de cas, ne serait que de l'équité, et l'on a pensé que l'inspecteur primaire se montrerait plus rigoureux.

Le juge de paix pourra prononcer contre le père de famille contrevenant qui lui est déféré les peines de police édictées par les articles 479, 480 et suivants du code pénal, c'est-à-dire l'amende de 11 à 15 francs (1) et l'emprisonnement jusqu'à cinq jours. En cas de récidive, le maximum de cinq jours de prison sera toujours prononcé (art. 482 du Code pénal).

D'autre part, l'art. 463 du Code pénal relatif aux circonstances atténuantes est toujours applicable ; en conséquence l'amende peut toujours être substituée à l'emprisonnement, et réduite elle-même à son minimum, soit 1 franc.

Les décisions du juge de paix pourront toujours être déférées au tribunal correctionnel, lorsqu'elles prononceront un emprisonnement ou une amende excédant la somme de cinq francs ; et l'appel sera suspensif (code Inst. Cr. art., 172 et 173). — De même, le recours en cassation sera toujours possible, conformément aux principes du droit commun.

(1) On remarquera que, si le père de famille est indigent, s'il ne peut payer l'amende qui lui a été infligée, il encourra de ce chef la contrainte par corps et pourra être emprisonné pendant quinze jours. (Code pénal, art. 467)

ART 15.

La commission scolaire pourra accorder aux enfants demeurant chez leurs parents ou leur tuteur, lorsque ceux-ci en feront la demande motivée, des dispenses de fréquentation scolaire ne pouvant dépasser trois mois par année, en dehors des vacances. Ces dispenses devront, si elles excèdent quinze jours, être soumises à l'approbation de l'inspecteur primaire.

Ces dispositions ne sont pas applicables aux enfants qui suivront leurs parents ou leurs tuteurs, lorsque ces derniers s'absenteront temporairement de la commune. Dans ce cas, un avis donné verbalement ou par écrit au maire ou à l'instituteur suffira.

La commission peut aussi, avec l'approbation du conseil départemental, dispenser les enfants employés dans l'industrie et arrivés à l'âge de l'apprentissage, d'une des classes de la journée ; la même faculté sera accordée à tous les enfants employés hors de leur famille dans l'agriculture.

La commission scolaire peut, aux termes de cet article, accorder des dispenses de fréquentation scolaire de différentes sortes.

Pour les enfants qui demeurent chez leurs parents ou leurs tuteurs, elle a le droit d'accorder, sur la demande motivée qui lui en sera faite, des dispenses qui ne peuvent dépasser trois mois par année en dehors des vacances ; c'est elle qui apprécie souverainement les motifs invoqués par les parents. Toutefois, si les dispenses excèdent quinze jours, elles devront être soumises à l'approbation de l'inspecteur primaire.

Les parents ou tuteurs qui s'absentent temporairement de la commune et qui emmènent leurs enfants avec eux n'ont même pas besoin de demander ces dispenses ; ils n'ont qu'à en donner avis verbalement ou par écrit au maire ou à l'instituteur. Le père de famille fera bien de se ménager une preuve quelconque de sa déclaration.

La commission scolaire peut aussi, avec l'approbation du conseil départemental, dispenser d'une des deux classes de la journée : 1° les enfants employés dans l'industrie et arrivés à l'âge de l'apprentissage ; 2° les enfants employés dans l'agriculture, mais hors de leurs familles. — Les enfants employés dans l'agriculture chez leurs parents ou tuteurs ne peuvent bénéficier de cette disposition : cette distinction est impossible à justifier ; mais nous devons reconnaître qu'elle a été formellement établie dans la discussion de la loi au Sénat.

ART. 16.

Les enfants qui reçoivent l'instruction dans la famille doivent, chaque année, à partir de la fin de la deuxième année d'instruction obligatoire, subir un examen qui portera sur les matières de l'enseignement correspondant à leur âge dans les écoles publiques, dans les formes et suivant des programmes qui seront déterminés par arrêtés ministériels rendus en conseil supérieur.

Le jury d'examen sera composé de : l'inspecteur primaire ou son délégué, président ; un délégué cantonal ; une personne munie d'un diplôme universitaire ou d'un brevet de capacité ; les juges seront choisis par l'inspecteur d'académie. Pour l'examen des filles, la personne brevetée devra être une femme.

Si l'examen de l'enfant est jugé insuffisant et qu'aucune excuse ne soit admise par le jury, les parents sont mis en demeure d'envoyer leur enfant dans une école publique ou privée, dans la huitaine de la notification et de faire savoir au maire quelle école ils ont choisie.

En cas de non-déclaration, l'inscription aura lieu d'office, comme il est dit à l'art. 8.

L'art. 16, en imposant aux enfants qui reçoivent l'éducation dans la famille l'obligation de subir un examen annuel, contient l'une des dispositions les plus graves de la loi, et l'une de celles qui justifieront le mieux les répugnances invincibles des pères de famille.

L'examen a un caractère si inacceptable, si inquisitorial, il viole si ouvertement les prérogatives de la puissance paternelle, que les pères de famille chrétiens auront à se demander, non pas comment et dans quelle mesure il convient de s'y soumettre, mais s'ils n'ont pas le devoir de s'y refuser. Cette résistance est trop légitime pour qu'elle ne se produise pas : nous ne pouvons que la conseiller, pour notre part ; et ce n'est que sous le bénéfice de cette réserve que nous présentons les observations suivantes.

I. Quels sont les enfants soumis a l'examen ?

L'examen n'est imposé qu'aux enfants élevés dans la famille, et seulement *à partir de la fin de la deuxième année d'instruction obligatoire.*

Les filles sont assujetties à la même obligation que les garçons.

Sont seuls dispensés de subir de nouveaux examens les enfants de l'un ou de l'autre sexe qui, parvenus à l'âge de onze ans, auront obtenu dans une épreuve publique le certificat d'études primaires spécifié dans l'art. 6.

Cette obligation pèse exclusivement et restrictivement sur les enfants qui reçoivent l'instruction dans leur famille. Elle ne s'applique pas aux enfants élevés dans des écoles libres, ni même à ceux qui fréquentent des cours hebdomadaires, tels que ceux qui sont établis dans certaines grandes villes ou qui pourront être établis ailleurs. Le ministre l'a reconnu formellement et a déclaré que ces cours seraient assimilés à des écoles privées dont les élèves n'ont pas d'examen à subir. (Sénat, séance du 21 mars 1882.)

II. Les examens seront-ils publics ? Les parents pourront-ils y assister ?

Les examens ne seront pas publics, mais les parents pourront y assister.

Sur cette question, le ministre s'est exprimé ainsi : « L'examen « du brevet de capacité pour les filles, vous le savez bien, n'a pas « lieu devant le public ; il est passé devant les mères de famille et « les maîtres. *Il en sera de même de cet examen des petits enfants.* » (Sénat, séance du 21 mars 1882.)

Les parents devront veiller à ce que cette promesse ne soit violée dans aucun cas. En effet, d'un côté, l'absence du public fait disparaître l'une des causes possibles de trouble et d'intimidation pour les enfants ; et, d'un autre côté, la présence de leurs parents sera une garantie nécessaire de la modération et de l'équité des examinateurs. Il est superflu de dire que l'enseignement religieux devant rester absolument en dehors des programmes de l'instruction primaire, les parents, présents à l'examen, seront fondés à interdire à leurs enfants de répondre à toute interrogation qui toucherait à cet enseignement.

III. QUEL DEVRA ÊTRE LE CARACTÈRE DE L'EXAMEN? DANS QUEL CAS POURRA-T-IL ÊTRE CONSIDÉRÉ COMME INSUFFISANT?

La loi n'est entrée dans aucun détail sur ce point, et il faut nous contenter d'enregistrer les engagements que le ministre a pris devant le Sénat.(Séance du 21 mars 1882.) Il s'exprimait ainsi : « En « quoi consiste cet examen?... C'est bien moins un examen qu'une « enquête. S'agit-il donc ici d'un examen analogue au baccalauréat, « même au certificat d'études, où les enfants viendront concourir, « où il faudra qu'ils obtiennent un certain nombre de points? S'ils « ne répondent pas, si ces pauvres petits perdent un peu la mé- « moire, lorsqu'ils se verront en présence de ce petit jury si paternel « pourtant, est-ce qu'on leur donnera zéro pour qu'ils retombent « alors sous le coup des derniers paragraphes de l'art. 16, l'examen « étant déclaré insuffisant? Eh! messieurs, vous nous prenez pour « des fous, si vous pensez que nous voulons mettre le pays à un « tel régime... Il n'y aura aucune analogie entre les procédés, ou, « si vous aimez mieux, la procédure de cet examen et celle des exa- « mens ordinaires... Et lorsque l'enfant troublé n'aura pas répondu « — ce qui souvent arrive aux enfants de neuf à dix ans, qui ne « sont pas accoutumés aux écoles publiques et aux examinateurs « — la commission, le jury s'entourera de tous les renseignements « possibles ; *on lui apportera les devoirs, les cahiers de l'enfant...* »

D'où il résulte que, dans ces conditions, l'examen devra être jugé suffisant, et l'enfant laissé à sa famille.

Les parents, présents à l'examen, pourront veiller à ce qu'il ne perde pas ce caractère d'enquête générale qu'il doit avoir suivant les promesses du ministre. Munis des cahiers et des devoirs de l'enfant, ils seront autorisés à en proposer la communication aux membres de la commission.

IV. QUELLE EST LA CONSÉQUENCE D'UN EXAMEN JUGÉ INSUFFISANT?

Si l'examen de l'enfant est jugé insuffisant, les parents seront mis en demeure d'envoyer cet enfant dans une école publique ou privée, dans la huitaine de la notification et de faire savoir au maire l'école qu'ils auront choisie.

Les parents n'auront donc aucune résolution à prendre avant que notification leur soit faite du résultat de l'examen. Huit jours au plus tard après cette notification, ils devront avoir choisi l'école à laquelle il leur conviendra d'envoyer leur enfant et faire connaître leur option à la mairie. Leur choix est d'ailleurs absolument libre et ils peuvent se prononcer en faveur de l'école qui leur paraîtra le mieux mériter leur confiance : école publique, ou école libre, école de la commune ou école de la commune voisine, ou école libre dans quelque lieu qu'elle soit située, établissement d'instruction secondaire ou cours assimilés à des écoles privées, ainsi que nous l'avons dit plus haut (voir page 13).

Dans le cas, où les parents n'auraient pris aucun parti et n'auraient pas fait connaître leur choix à la mairie dans le délai de huit jours à compter de la notification ci-dessus prescrite, l'enfant sera inscrit d'office à l'école publique.

Dans ce cas, les parents pourront-ils user du bénéfice inscrit dans l'art. 9 de la loi et retirer leur enfant de l'école où ils l'auront placé, ou laissé placer d'office, pour l'envoyer dans une autre école ou pour lui faire donner de nouveau l'éducation dans la famille, à charge d'en aviser immédiatement le maire ?

S'il s'agit seulement d'un changement d'établissement, le droit des parents n'est pas douteux et l'inscription d'office dans une école publique ne peut entraver la liberté que la loi leur reconnaît de désigner une autre école de leur choix (art. 9).

S'il s'agit, au contraire, du retour de l'enfant dans sa famille, nous estimons encore que la règle posée dans l'article 9 doit recevoir son application. Il serait inadmissible que, par suite d'un premier examen jugé insuffisant, un enfant de huit ans puisse être violemment et définitivement forclos de l'enseignement domestique et condamné à un autre système d'éducation à perpétuité. La loi du 28 mars 1882 est une loi restrictive de la liberté sacrée des pères de famille ; elle limite la puissance paternelle en s'écartant des règles du droit naturel comme des règles du droit commun écrites dans le code civil ; il est donc juste qu'elle soit interprétée restrictivement, et que tout ce qu'elle ne défend pas soit considéré comme permis.

ART. 17.

La caisse des écoles instituée par l'art. 15 de la loi du 10 avril 1867 sera établie dans toutes les communes. Dans les communes subventionnées dont le centime n'excède pas 30 francs, la caisse aura droit, sur le crédit ouvert pour cet objet au ministère de l'instruction publique, à une subvention au moins égale au montant des subventions communales. La répartition des secours se fera par les soins de la commission scolaire.

Cette caisse, qui était destinée à encourager les enfants par la création de prix et de récompenses, et en même temps à venir en aide aux familles nécessiteuses en leur fournissant des vêtements, était facultative, aux termes de la loi de 1867 ; la loi de 1882 la rend obligatoire pour toutes les communes. Mais il est à remarquer que, si la caisse elle-même est devenue obligatoire, les subventions communales qui peuvent lui être affectées sont restées facultatives. Les conseils municipaux peuvent donc se refuser à voter des fonds pour cet objet, et, dans ce cas, la Commune ne saurait être imposée d'office.

L'art. 17 ajoute que, « dans les communes subventionnées dont « le centime n'excède pas 30 francs, la caisse aura droit, sur le « crédit ouvert pour cet objet au ministère de l'instruction publique, « à une subvention au moins égale au montant des subventions « communales. »

Mais ceci n'est applicable, comme nous venons de le dire, que si le conseil municipal a jugé à propos de voter une subvention.

Enfin, la loi dit que « la répartition des secours (fournis par la caisse des écoles) se fera par les soins de la commission scolaire. » Il importe de rappeler que les commissions scolaires ont le droit de faire participer à la distribution de ces secours les écoles libres comme les écoles publiques, les écoles congréganistes comme les écoles laïques.

Art. 18.

Des arrêtés ministériels, rendus sur la demande des inspecteurs d'académie et des conseils départementaux, détermineront chaque année les communes où, par suite d'insuffisance des locaux scolaires, les prescriptions des art. 4 et suivants sur l'obligation ne pourraient être appliquées.

Un rapport annuel, adressé aux Chambres par le ministre de l'instruction publique, donnera la liste des communes auxquelles le présent article aura été appliqué.

Cet article, qui a un caractère purement administratif, n'appelle aucun commentaire.

3281. PARIS. — IMPRIMERIE F. LEVÉ, RUE CASSETTE, 17.

SOCIÉTÉ GÉNÉRALE D'ÉDUCATION ET D'ENSEIGNEMENT

BUT ET ORGANISATION DE LA SOCIÉTÉ

Cette œuvre est bien certainement la grande œuvre de notre époque.
(Paroles de S. G. Mgr Richard, archevêque de Larisse, à l'Assemblée générale du 29 mars 1881.)

La *Société générale d'Éducation et d'Enseignement* a pour but de travailler à la propagation et au développement de l'instruction, fondée sur l'éducation religieuse.

Elle étudie toutes les questions qui se rattachent à l'enseignement. C'est la mission propre de ses comités permanents, qui sont au nombre de trois : 1° celui de l'Enseignement primaire, dirigé par M. E. KELLER, ancien député ; — 2° celui de l'Enseignement secondaire, que préside le R. P. LESCŒUR, de l'Oratoire ; — 3° celui du Contentieux, où des jurisconsultes autorisés donnent des consultations gratuites sur les cas litigieux qui leur sont soumis.

Le *Conseil général* est chargé de la direction et de l'administration de la Société ; il contrôle et surveille les travaux des Comités, ainsi que la rédaction du *Bulletin* mensuel (1), revue spéciale des questions d'enseignement.

Toutes les ressources disponibles de la Société sont employées en subventions aux écoles chrétiennes libres.

Toute souscription annuelle de 5 francs confère le titre de membre de la Société, et donne droit à recevoir le compte-rendu des Assemblées générales annuelles.

Toute souscription de 10 francs donne droit à recevoir **gratuitement** le *Bulletin* mensuel.

Un don de 500 francs, versé en une seule fois ou en cinq annuités de 100 francs, confère le titre de membre fondateur.

---

(1) Le *Bulletin* paraît le 15 de chaque mois ; chaque année forme un numéro de 760 pages au moins.

9 782014 054866